The Red Umbrella and Other Stories: Bilingual Romanian-English Stories for Kids

Pomme Bilingual

Published by Pomme Bilingual, 2024.

THE RED UMBRELLA AND OTHER STORIES: BILINGUAL ROMANIAN-ENGLISH STORIES FOR KIDS

First edition. July 6, 2024.

Copyright © 2024 Pomme Bilingual.

ISBN: 979-8224901487

Written by Pomme Bilingual.

Table of Contents

Ursul Curajos și Aventura În Pădurea Fermecată

Într-o dimineață însorită, în inima unei păduri magice, trăia un ursuleț pe nume Brumar. Brumar nu era un urs obișnuit; el avea o inimă mare și curaj cât pentru zece urși. De când era mic, bunica lui îi spunea povești despre aventuri și eroi, iar Brumar visa să trăiască și el o aventură memorabilă.

Într-o zi, în timp ce explora pădurea, Brumar a găsit un pergament vechi, prăfuit. Cu lăbuțele tremurând de emoție, l-a desfăcut cu grijă. Pe pergament era desenată o hartă și scris cu litere aurii: "Către comoara din Pădurea Fermecată". Inima lui Brumar a început să bată mai tare. "E timpul pentru marea mea aventură," a spus el cu o voce fermă.

Așa că și-a strâns curajul și a pornit la drum. Pe măsură ce pășea mai adânc în pădure, a întâlnit tot felul de creaturi magice: veverițe vorbitoare, fluturi care sclipeau în toate culorile curcubeului și copaci care șopteau povești vechi. Toți îl salutau pe Brumar cu respect, pentru că auziseră de curajul său.

Într-un luminiș, Brumar a dat peste un castel mic de piatră, acoperit cu iederă. Era exact ca în poveștile bunicii. La intrare, un brotac uriaș păzea poarta. "Pentru a trece, trebuie să răspunzi la o ghicitoare," a spus brotacul.

Brumar și-a adunat toate cunoștințele și a ascultat cu atenție ghicitoarea: "Ce are rădăcini ce nu se văd, e mai înalt decât un copac, și totuși nu crește?" După câteva momente de gândire, Brumar a răspuns cu încredere: "Un munte!" Brotacul a zâmbit și a deschis poarta.

Înăuntru, Brumar a descoperit o cameră plină de strălucire şi comori. Dar cea mai mare comoară nu era aurul sau bijuteriile, ci o carte veche, legată în piele, cu titlul "Secretele Pădurii Fermecate". Brumar a înţeles că adevărata comoară era înţelepciunea şi poveştile din acea carte.

Cu cartea strânsă la piept, Brumar s-a întors acasă, ştiind că a devenit un adevărat erou, nu prin bogăţiile găsite, ci prin curajul şi dorinţa de a descoperi necunoscutul. Şi astfel, Brumar a devenit cunoscut în întreaga pădure nu doar ca un urs curajos, ci şi ca un povestitor înţelept, inspirându-i pe toţi cei care-l ascultau.

The Brave Bear and the Adventure in the Enchanted Forest

On a sunny morning, in the heart of a magical forest, lived a little bear named Brumar. Brumar was not an ordinary bear; he had a big heart and enough courage for ten bears. Since he was young, his grandmother would tell him stories about adventures and heroes, and Brumar dreamed of having a memorable adventure of his own.

One day, while exploring the forest, Brumar found an old, dusty parchment. With trembling paws, he carefully unrolled it. On the parchment was a map and written in golden letters: "To the treasure of the Enchanted Forest." Brumar's heart started beating faster. "It's time for my great adventure," he said firmly.

So he gathered his courage and set off. As he ventured deeper into the forest, he encountered all kinds of magical creatures: talking squirrels, butterflies that sparkled in all the colors of the rainbow, and trees that whispered ancient stories. They all greeted Brumar with respect, having heard of his bravery.

In a clearing, Brumar stumbled upon a small stone castle covered in ivy. It was just like in his grandmother's stories. At the entrance, a giant frog guarded the gate. "To pass, you must answer a riddle," said the frog.

Brumar gathered all his knowledge and listened carefully to the riddle: "What has roots that nobody sees, is taller than trees, up, up it goes, and yet never grows?" After a few moments of thought, Brumar confidently answered, "A mountain!" The frog smiled and opened the gate.

Inside, Brumar discovered a room full of glittering treasures. But the greatest treasure was not the gold or jewels but an old, leather-bound book titled "Secrets of the Enchanted Forest." Brumar understood that the true treasure was the wisdom and stories in that book.

With the book clutched to his chest, Brumar returned home, knowing he had become a true hero, not through the riches he found but through his courage and desire to discover the unknown. And thus, Brumar became known throughout the forest not just as a brave bear but as a wise storyteller, inspiring all who listened to him.

Unicornul Violeta și Comoara Curcubeului

Într-o vale îndepărtată, ascunsă între munți înalți și păduri dese, se afla Țara Unicornilor. Acolo, fiecare unicorn avea o culoare unică și puteri speciale. Printre ei, se remarca un mic unicorn pe nume Violeta. Era cunoscută pentru culoarea ei strălucitoare și energia pozitivă pe care o răspândea în jurul ei.

Într-o dimineață frumoasă de vară, Violeta și prietenii ei se jucau în poiana preferată, când, dintr-odată, un curcubeu spectaculos a apărut pe cer. Violeta a simțit o atracție misterioasă și a decis să urmeze curcubeul până la capăt, împreună cu prietenii ei apropiați: Leona, un leu curajos, și Mărunțel, un iepure rapid și ingenios.

Pe măsură ce urmăreau curcubeul, au ajuns la o pădure fermecată, unde fiecare copac părea să aibă o viață proprie. Ramurile se mișcau ușor, de parcă ar fi vrut să le vorbească. "Pădurea aceasta ascunde un secret," spuse Violeta cu ochii sclipind de curiozitate. "Hai să descoperim ce este."

Pe măsură ce pătrundeau mai adânc în pădure, au întâlnit un bătrân copac care le-a spus cu o voce blândă: "Pentru a găsi comoara curcubeului, trebuie să rezolvați trei probe. Dacă veți reuși, veți găsi nu doar comoara, ci și adevărata putere a prieteniei."

Prima probă era să traverseze Râul Șoaptelor, unde fiecare șoaptă era o poveste veche. Violeta, Leona și Mărunțel au ascultat atent poveștile și au aflat că râul putea fi traversat doar pe puntea construită din curaj și încredere reciprocă. Cu inimile pline de curaj, au reușit să traverseze râul.

A doua probă îi aștepta la Peștera Ecourilor. Acolo, ecourile lor păreau să prindă viață și să le vorbească. "Pentru a trece de această probă, trebuie să învățați să ascultați și să înțelegeți," a spus Violeta. Și astfel, au ascultat ecourile, care le-au dezvăluit lecții de înțelepciune și empatie. Au înțeles că, pentru a găsi comoara, trebuiau să fie atenți la nevoile și sentimentele celorlalți.

În cele din urmă, au ajuns la ultima probă, care se desfășura în Grădina Speranțelor. Aici, florile magice creșteau doar dacă cineva le spunea cuvinte de încurajare. Violeta și prietenii ei au început să vorbească cu florile, spunându-le povești frumoase și încurajându-le să înflorească. Cu fiecare cuvânt, grădina devenea tot mai strălucitoare și plină de viață.

După ce au trecut cu succes de cele trei probe, bătrânul copac le-a ghidat spre o poiană ascunsă, unde un cufăr aurit îi aștepta. Înăuntru, au găsit Comoara Curcubeului: o prismă magică ce răspândea lumina în toate culorile curcubeului. Dar cel mai important, au descoperit că adevărata comoară era prietenia lor, care devenise mai puternică cu fiecare probă.

Violeta, Leona și Mărunțel s-au întors acasă, fiind primiți cu brațele deschise de comunitatea unicornilor. Povestea lor a devenit legendară, iar prietenia lor a fost sărbătorită în întreaga Țară a Unicornilor. În fiecare an, de Ziua Curcubeului, Violeta le spune puilor de unicorn povestea lor, inspirându-i să fie curajoși, empatici și să prețuiască prietenia.

Violet the Unicorn and the Rainbow Treasure

In a distant valley, hidden among tall mountains and dense forests, lay the Land of the Unicorns. There, every unicorn had a unique color and special powers. Among them was a little unicorn named Violet. She was known for her dazzling color and the positive energy she spread around her.

On a beautiful summer morning, Violet and her friends were playing in their favorite meadow when, suddenly, a spectacular rainbow appeared in the sky. Violet felt a mysterious attraction and decided to follow the rainbow to its end, together with her close friends: Leo, a brave lion, and Tiny, a swift and clever rabbit.

As they followed the rainbow, they reached an enchanted forest where every tree seemed to have a life of its own. The branches moved gently, as if they wanted to speak. "This forest holds a secret," said Violet, her eyes sparkling with curiosity. "Let's find out what it is."

As they ventured deeper into the forest, they met an old tree who spoke to them in a gentle voice: "To find the rainbow treasure, you must pass three trials. If you succeed, you will not only find the treasure but also discover the true power of friendship."

The first trial was to cross the River of Whispers, where every whisper was an old story. Violet, Leo, and Tiny listened carefully to the stories and learned that the river could only be crossed on a bridge built from courage and mutual trust. With hearts full of bravery, they managed to cross the river.

The second trial awaited them at the Cave of Echoes. There, their echoes seemed to come to life and speak to them. "To pass this trial, you must learn to listen and understand," said Violet. And so, they listened to the echoes, which revealed lessons of wisdom and empathy. They understood that to find the treasure, they needed to be attentive to the needs and feelings of others.

Finally, they arrived at the last trial, which took place in the Garden of Hopes. Here, magical flowers grew only if someone spoke words of encouragement to them. Violet and her friends began talking to the flowers, telling them beautiful stories and encouraging them to bloom. With every word, the garden became more radiant and full of life.

After successfully passing the three trials, the old tree guided them to a hidden clearing where a golden chest awaited. Inside, they found the Rainbow Treasure: a magical prism that spread light in all the colors of the rainbow. But most importantly, they discovered that the true treasure was their friendship, which had grown stronger with each trial.

Violet, Leo, and Tiny returned home, welcomed with open arms by the unicorn community. Their story became legendary, and their friendship was celebrated throughout the Land of the Unicorns. Every year, on Rainbow Day, Violet would tell the young unicorns their story, inspiring them to be brave, empathetic, and to cherish their friendships.

Pisica Marcel și Aventura în Orașul Pierdut

Într-un orăşel fermecător, pe nume Pufuleşti, trăia o pisică pe nume Marcel. Marcel nu era o pisică obişnuită; el purta mereu un papion roşu şi avea o curiozitate nesăţioasă pentru aventuri. Pe lângă faptul că era extrem de isteţ, Marcel avea un talent deosebit de a găsi lucruri pierdute.

Într-o dimineaţă însorită, Marcel stătea tolănit pe pervazul ferestrei şi privea strada animată. Tocmai atunci, poştaşul Toby, un bătrânel simpatic, a apărut în faţa casei lui Marcel. "Bună dimineaţa, Marcel! Uite, am o scrisoare specială pentru tine!" spuse Toby, oferindu-i o plic sigilat cu grijă.

Marcel, cu mustăţile fremătând de curiozitate, deschise scrisoarea. Înăuntru era o hartă veche, îngălbenită de timp, şi un mesaj misterios: "Găseşte Oraşul Pierdut şi vei descoperi comoara uitată." Marcel ştia că această aventură era exact ceea ce căuta.

Fără să mai stea pe gânduri, Marcel şi-a luat papionul norocos şi a plecat în căutarea oraşului pierdut. Pe drum, s-a întâlnit cu prietenii săi de nădejde: Rocco, un câine loial cu un simţ olfactiv excepţional, şi Lulu, o vrăbiuţă inteligentă care ştia fiecare colţişor al oraşului Pufuleşti.

"Hei, Marcel, ce te aduce pe străzile oraşului atât de devreme?" întrebă Rocco, curios.

"Am primit o hartă care ne duce la un oraş pierdut! Vreţi să veniţi cu mine?" răspunse Marcel cu entuziasm.

"Desigur! O aventură sună minunat!" exclamară Rocco şi Lulu la unison.

Cei trei prieteni au urmat indiciile hărții, care îi purtau pe străduțe înguste și pe alei misterioase. La fiecare pas, Marcel își folosea mintea ageră pentru a rezolva puzzle-uri complicate, în timp ce Rocco își folosea nasul pentru a găsi urme ascunse, iar Lulu zbura deasupra lor pentru a observa orice pericol.

După ore întregi de căutări, au ajuns în fața unei porți vechi, acoperită de iederă și praf. Pe poartă era un mesaj gravat: "Numai cei curajoși și isteți vor găsi drumul." Marcel și-a ridicat papionul, a inspirat adânc și a împins poarta, care s-a deschis cu un scârțâit prelung.

În fața lor se întindea Orașul Pierdut, acoperit de vegetație și ruine, dar totuși plin de o frumusețe stranie. Cei trei prieteni au pătruns în oraș, explorând fiecare colț și colțișor. În centrul orașului, au descoperit o fântână veche, iar în mijlocul ei, un cufăr de comori.

"Uite, acolo este comoara!" strigă Lulu, zburând deasupra fântânii.

Marcel și Rocco au sărit cu entuziasm, deschizând cufărul. Înăuntru, au găsit nu doar aur și bijuterii, ci și o carte veche, cu pagini îngălbenite. Pe coperta cărții scria: "Secretele Orașului Pierdut și Puterea Prieteniei."

Marcel a înțeles că adevărata comoară nu era aurul, ci poveștile și lecțiile ascunse în carte. Cu inima plină de bucurie, Marcel, Rocco și Lulu au decis să se întoarcă în Pufulești și să împărtășească descoperirile lor cu toți locuitorii orașului.

În zilele următoare, Marcel a organizat o mare sărbătoare în piața centrală, unde a povestit aventura lor tuturor. Oamenii din Pufulești erau fermecați de poveștile despre Orașul Pierdut și despre curajul și prietenia celor trei aventurieri.

De atunci, Marcel, Rocco și Lulu au devenit eroi în Pufulești, iar fiecare copil visa să aibă o aventură la fel de minunată. Marcel a continuat să poarte papionul său roșu, amintindu-și mereu că cele mai mari comori sunt prietenii adevărați și poveștile pe care le trăim împreună.

11

Marcel the Cat and the Adventure in the Lost City

In a charming little town called Pufuleşti, there lived a cat named Marcel. Marcel was no ordinary cat; he always wore a red bow tie and had an insatiable curiosity for adventures. Besides being extremely clever, Marcel had a special talent for finding lost things.

One sunny morning, Marcel was lounging on the windowsill, watching the bustling street. Just then, the friendly old postman, Toby, appeared in front of Marcel's house. "Good morning, Marcel! Look, I have a special letter for you!" said Toby, handing him a carefully sealed envelope.

With whiskers twitching in curiosity, Marcel opened the letter. Inside was an old, yellowed map and a mysterious message: "Find the Lost City and you will discover the forgotten treasure." Marcel knew this adventure was exactly what he had been looking for.

Without hesitation, Marcel put on his lucky bow tie and set off in search of the lost city. Along the way, he met his trusted friends: Rocco, a loyal dog with an exceptional sense of smell, and Lulu, a smart sparrow who knew every corner of Pufuleşti.

"Hey, Marcel, what brings you out so early?" asked Rocco, curious.

"I received a map that leads us to a lost city! Do you want to come with me?" replied Marcel enthusiastically.

"Of course! An adventure sounds wonderful!" exclaimed Rocco and Lulu in unison.

The three friends followed the clues on the map, which took them through narrow streets and mysterious alleys. At every step, Marcel used his sharp mind to solve intricate puzzles, while Rocco used his nose to find hidden trails, and Lulu flew above them to spot any danger.

After hours of searching, they arrived at an old gate, covered in ivy and dust. On the gate was an engraved message: "Only the brave and clever will find the way." Marcel adjusted his bow tie, took a deep breath, and pushed the gate, which opened with a long creak.

Before them lay the Lost City, covered in vegetation and ruins, yet full of a strange beauty. The three friends ventured into the city, exploring every nook and cranny. In the center of the city, they discovered an old fountain, and in the middle of it, a treasure chest.

"Look, there's the treasure!" shouted Lulu, flying above the fountain.

Marcel and Rocco leaped with excitement, opening the chest. Inside, they found not only gold and jewels but also an old book with yellowed pages. On the cover of the book, it said: "Secrets of the Lost City and the Power of Friendship."

Marcel realized that the true treasure was not the gold but the stories and lessons hidden in the book. With hearts full of joy, Marcel, Rocco, and Lulu decided to return to Pufuleşti and share their discoveries with all the townspeople.

In the following days, Marcel organized a grand celebration in the town square, where he recounted their adventure to everyone. The people of Pufuleşti were enchanted by the stories of the Lost City and the bravery and friendship of the three adventurers.

From then on, Marcel, Rocco, and Lulu became heroes in Pufuleşti, and every child dreamed of having an adventure just as wonderful. Marcel continued to wear his red bow tie, always remembering that the greatest treasures are true friends and the stories we live together.

15

Crocodilul Călător și Comoara Poveștilor

Într-un colț îndepărtat al lumii, ascunsă printre râuri și junglă deasă, trăia un crocodil pe nume Croc. Croc nu era un crocodil obișnuit; el avea o inimă mare și o curiozitate nețărmurită pentru povești și aventuri. De când era mic, Croc visa să călătorească și să descopere lumi noi, ascultând poveștile celor pe care îi întâlnea.

Într-o zi, în timp ce Croc se odihnea pe malul râului, a găsit o sticlă plutind pe apă. În interiorul sticlei era un pergament vechi și o scrisoare misterioasă: "Găsește Comoara Poveștilor și vei descoperi toate secretele lumii." Croc știa că aceasta era șansa vieții lui de a trăi o aventură unică.

Cu pergamentul strâns în labele sale, Croc a pornit într-o călătorie lungă și periculoasă. Pe drum, a întâlnit tot felul de creaturi: o maimuță jucăușă pe nume Bongo, un papagal înțelept pe nume Pico și o broască țestoasă bătrână pe nume Tilda. Toți trei au decis să i se alăture în căutarea comorii.

"Croc, unde ne duce această hartă?" întrebă Bongo, curios.

"Nu știu exact, dar simt că ne va conduce spre ceva extraordinar," răspunse Croc cu ochii strălucind de entuziasm.

Călătoria lor i-a purtat prin jungle dese, deșerturi aride și munți înalți. Fiecare loc ascundea provocări și mistere, dar Croc și prietenii săi nu s-au descurajat niciodată. Într-o noapte, în timp ce campau lângă un foc, Tilda, broasca țestoasă, a spus: "Adevărata comoară nu este doar aurul sau bijuteriile. Poate că vom găsi ceva mult mai valoros."

Într-o dimineață, au ajuns la o peșteră ascunsă în inima unui munte. Intrarea era acoperită de iederă și părea abandonată. Croc și-a adunat curajul și a pășit înăuntru, urmat de prietenii săi. Pe măsură ce înaintau, au descoperit picturi vechi pe pereții peșterii și simboluri stranii care păreau să spună o poveste.

"Uitați-vă la aceste picturi! Cred că suntem pe cale să descoperim ceva important," spuse Pico, papagalul înțelept.

În centrul peșterii, au găsit un cufăr mare, acoperit de praf. Croc l-a deschis cu grijă și, spre surprinderea lor, înăuntru nu era aur sau bijuterii, ci o colecție imensă de cărți și pergamente vechi. Pe cufăr era gravat un mesaj: "Cunoștința și poveștile sunt cele mai mari comori ale lumii."

Croc a înțeles imediat că adevărata comoară era bogăția de cunoștințe și povești adunate în acele cărți. Cu inima plină de bucurie, el și prietenii săi au început să citească și să împărtășească poveștile găsite. Fiecare pagină dezvăluia lumi noi, înțelepciune și aventuri din trecut.

După ce au petrecut zile întregi explorând comoara poveștilor, Croc a decis să se întoarcă acasă. Dar nu înainte de a lua câteva cărți pentru a le împărtăși cu toți locuitorii junglei. Pe drum, Croc, Bongo, Pico și Tilda au continuat să vorbească despre poveștile fascinante pe care le-au citit.

Întorși acasă, Croc a organizat o mare sărbătoare în care a povestit aventurile lor și a împărtășit comorile descoperite. Oamenii din junglă au fost fermecați de poveștile minunate și de înțelepciunea adusă de Croc și prietenii săi.

De atunci, Croc a devenit cunoscut nu doar ca un aventurier curajos, ci și ca un povestitor înțelept. În fiecare seară, la lumina focului, el le spune puilor de animale povești despre lumi îndepărtate și lecții de viață, inspirându-i să viseze și să exploreze.

The Traveling Crocodile and the Story Treasure

In a remote corner of the world, hidden among rivers and dense jungle, lived a crocodile named Croc. Croc was not an ordinary crocodile; he had a big heart and an insatiable curiosity for stories and adventures. Since he was little, Croc dreamed of traveling and discovering new worlds, listening to the stories of those he met.

One day, while Croc was resting by the river, he found a bottle floating in the water. Inside the bottle was an old parchment and a mysterious letter: "Find the Story Treasure and you will discover all the secrets of the world." Croc knew that this was the chance of a lifetime to have a unique adventure.

With the parchment held tightly in his paws, Croc embarked on a long and dangerous journey. Along the way, he met all kinds of creatures: a playful monkey named Bongo, a wise parrot named Pico, and an old turtle named Tilda. All three decided to join him in the quest for the treasure.

"Croc, where does this map lead us?" asked Bongo, curious.

"I don't know exactly, but I feel it will lead us to something extraordinary," replied Croc, his eyes sparkling with excitement.

Their journey took them through dense jungles, arid deserts, and high mountains. Each place held challenges and mysteries, but Croc and his friends never got discouraged. One night, while camping by a fire, Tilda the turtle said, "The real treasure is not just gold or jewels. Maybe we will find something much more valuable."

One morning, they reached a cave hidden in the heart of a mountain. The entrance was covered in ivy and looked abandoned. Croc gathered his courage and stepped inside, followed by his friends. As they advanced, they discovered ancient paintings on the cave walls and strange symbols that seemed to tell a story.

"Look at these paintings! I think we are about to discover something important," said Pico, the wise parrot.

In the center of the cave, they found a large chest covered in dust. Croc carefully opened it and, to their surprise, inside was not gold or jewels but a huge collection of old books and parchments. Engraved on the chest was a message: "Knowledge and stories are the greatest treasures of the world."

Croc immediately understood that the true treasure was the wealth of knowledge and stories gathered in those books. With hearts full of joy, he and his friends began reading and sharing the stories they found. Each page revealed new worlds, wisdom, and adventures from the past.

After spending many days exploring the story treasure, Croc decided to return home. But not before taking a few books to share with all the jungle inhabitants. On their way back, Croc, Bongo, Pico, and Tilda continued to talk about the fascinating stories they had read.

Back home, Croc organized a grand celebration where he recounted their adventures and shared the treasures they had discovered. The people of the jungle were enchanted by the wonderful stories and the wisdom brought by Croc and his friends.

From then on, Croc became known not only as a brave adventurer but also as a wise storyteller. Every evening, by the firelight, he told the young animals stories about distant worlds and life lessons, inspiring them to dream and explore.

Copacul Magic

Într-un mic sat pitoresc, ascuns între dealuri și păduri, trăia o fată pe nume Mira și fratele ei mai mic, Andrei. Mira era cunoscută pentru curajul și imaginația ei debordantă, în timp ce Andrei era renumit pentru inteligența și curiozitatea sa fără margini. Împreună, erau un duo de neoprit, mereu în căutare de aventuri.

Într-o zi, în timp ce explorau pădurea de la marginea satului, Mira și Andrei au descoperit un copac vechi și impresionant. Trunchiul său era masiv, iar crengile sale păreau să se întindă spre cer ca niște brațe uriașe. Pe trunchi era gravat un mesaj misterios: "Atingeți-mă și veți vedea minunile lumii."

"Ce crezi că înseamnă asta?" întrebă Andrei, ochii lui mari și curioși fixându-se pe mesaj.

"Nu știu, dar sunt sigură că este ceva magic," răspunse Mira, punându-și mâna pe trunchiul copacului.

În momentul în care au atins copacul, o lumină strălucitoare a învăluit pădurea, iar Mira și Andrei s-au trezit într-un loc cu totul diferit. În fața lor se afla un tărâm fermecat, plin de flori gigantice, creaturi fantastice și castele care păreau să plutească în aer.

"Unde suntem?" întrebă Andrei, uimit de frumusețea locului.

"Cred că am ajuns într-o lume magică," spuse Mira cu un zâmbet larg. "Hai să explorăm!"

Pe măsură ce au avansat prin tărâmul fermecat, au întâlnit un elf mic pe nume Elio. Elio le-a spus că sunt în Regatul Minunilor și că copacul magic i-a adus aici pentru a îndeplini o misiune importantă.

"Regele nostru, Magnus, a fost capturat de un vrăjitor malefic și numai cei curajoși și inteligenți îl pot salva," spuse Elio. "Voi sunteți aleșii."

Fără să ezite, Mira și Andrei au acceptat provocarea și au pornit în căutarea regelui Magnus. Pe drum, au trebuit să treacă prin numeroase încercări și să înfrunte diferite pericole. Au navigat prin păduri întunecate, au trecut peste râuri agitate și au escaladat munți înalți.

Într-o noapte, în timp ce se odihneau lângă un foc de tabără, au întâlnit un dragon înțelept pe nume Draco. Acesta le-a oferit un indiciu prețios: "Vrăjitorul malefic locuiește într-un castel de gheață, ascuns în nord. Dar pentru a-l înfrunta, aveți nevoie de o amuletă magică, păstrată în Peștera Viselor."

Cu ajutorul lui Draco, Mira și Andrei au găsit Peștera Viselor. Intrarea era păzită de un sfincs uriaș, care le-a pus o ghicitoare complicată. "Răspundeți corect și veți primi amuleta," spuse sfincsul.

După ce au rezolvat ghicitoarea, au primit amuleta magică și au pornit spre castelul de gheață. Când au ajuns, au găsit vrăjitorul malefic, care încerca să-l transforme pe regele Magnus într-o statuie de piatră.

"Nu te vom lăsa să faci asta!" strigă Mira, ridicând amuleta. O lumină strălucitoare a ieșit din amuletă, dezvăluind adevărata formă a vrăjitorului: un corb negru și sinistru.

Vrăjitorul a încercat să fugă, dar Andrei a folosit inteligența sa pentru a-l înfrunta și a-l învinge. Cu vrăjitorul învins, regele Magnus a fost eliberat, iar regatul a fost salvat.

"Mulțumim, copii curajoși," spuse regele Magnus. "Ați arătat că adevărata magie vine din curajul și inima voastră."

În semn de recunoștință, regele le-a oferit copiilor o carte magică, plină de povești și cunoștințe din întreaga lume. "Aceasta este pentru voi, să nu uitați niciodată aventura voastră și să continuați să căutați minunile lumii," spuse el.

Înapoi în pădurea de la marginea satului, Mira și Andrei s-au întors la copacul magic. Cu cartea în mână, au promis să împărtășească poveștile și lecțiile învățate cu toți prietenii și familia lor.

De atunci, copacul magic a rămas un simbol al curajului și aventurii, iar Mira și Andrei au continuat să descopere noi mistere și să trăiască noi aventuri, știind că adevărata magie se află în inima lor.

The Magic Tree

In a picturesque little village, hidden among hills and forests, lived a girl named Mira and her younger brother, Andrei. Mira was known for her bravery and boundless imagination, while Andrei was renowned for his intelligence and insatiable curiosity. Together, they were an unstoppable duo, always in search of adventures.

One day, while exploring the forest at the edge of the village, Mira and Andrei discovered an old and impressive tree. Its trunk was massive, and its branches seemed to stretch towards the sky like giant arms. Engraved on the trunk was a mysterious message: "Touch me and you will see the wonders of the world."

"What do you think it means?" Andrei asked, his big, curious eyes fixed on the message.

"I don't know, but I'm sure it's something magical," Mira replied, placing her hand on the tree trunk.

The moment they touched the tree, a bright light enveloped the forest, and Mira and Andrei found themselves in a completely different place. In front of them was an enchanted land, full of giant flowers, fantastic creatures, and castles that seemed to float in the air.

"Where are we?" Andrei asked, amazed by the beauty of the place.

"I think we've arrived in a magical world," Mira said with a wide smile. "Let's explore!"

As they ventured through the enchanted land, they met a small elf named Elio. Elio told them they were in the Kingdom of Wonders and that the magic tree had brought them there to complete an important mission.

"Our king, Magnus, has been captured by an evil wizard, and only the brave and intelligent can save him," Elio said. "You are the chosen ones."

Without hesitation, Mira and Andrei accepted the challenge and set off to find King Magnus. Along the way, they had to overcome numerous trials and face various dangers. They navigated through dark forests, crossed raging rivers, and climbed tall mountains.

One night, while resting by a campfire, they encountered a wise dragon named Draco. He offered them a valuable clue: "The evil wizard lives in an ice castle, hidden in the north. But to face him, you need a magic amulet, kept in the Cave of Dreams."

With Draco's help, Mira and Andrei found the Cave of Dreams. The entrance was guarded by a giant sphinx, who posed a complicated riddle. "Answer correctly, and you will receive the amulet," the sphinx said.

After solving the riddle, they received the magic amulet and set off for the ice castle. When they arrived, they found the evil wizard trying to turn King Magnus into a stone statue.

"We won't let you do this!" Mira shouted, raising the amulet. A bright light emerged from the amulet, revealing the wizard's true form: a sinister black crow.

The wizard tried to escape, but Andrei used his intelligence to confront and defeat him. With the wizard defeated, King Magnus was freed, and the kingdom was saved.

"Thank you, brave children," King Magnus said. "You have shown that true magic comes from your courage and heart."

As a token of gratitude, the king offered the children a magic book, full of stories and knowledge from around the world. "This is for you, to never forget your adventure and to continue seeking the wonders of the world," he said.

Back in the forest at the edge of the village, Mira and Andrei returned to the magic tree. With the book in hand, they promised to share the stories and lessons learned with all their friends and family.

From then on, the magic tree remained a symbol of courage and adventure, and Mira and Andrei continued to discover new mysteries and live new adventures, knowing that true magic lies in their hearts.

Mimi și Orașul Pierdut al Misterelor

Într-un orășel liniștit, unde soarele strălucea mereu și florile înfloreau tot timpul anului, trăia o pisică pe nume Mimi. Mimi nu era o pisică obișnuită; avea blana moale și albă ca zăpada, ochii verzi strălucitori și un spirit aventuros. Toți din orășel știau că dacă era ceva interesant de descoperit, Mimi era cea care să o facă.

Într-o dimineață însorită, pe când Mimi se plimba prin grădina doamnei Popescu, a observat ceva sclipitor în tufișuri. Curioasă, s-a apropiat și a găsit un obiect vechi și prăfuit – era o busolă magică, acoperită cu simboluri misterioase.

"Ce ai găsit acolo, Mimi?" întrebă doamna Popescu, venind în grabă.

"Pare să fie o busolă, dar una specială," miorlăi Mimi, arătându-i obiectul. În acel moment, busola a început să vibreze și să se rotească frenetic, indicând o direcție precisă.

"Aceasta nu e o busolă obișnuită," spuse doamna Popescu cu un zâmbet. "Pare să te conducă undeva. Poate la o aventură?"

Mimi, cu inima plină de entuziasm, a decis să urmeze direcția indicată de busolă. După ce și-a luat la revedere de la doamna Popescu, a pornit în călătorie. Drumul a dus-o prin păduri dese, peste râuri și prin câmpii înverzite, până când a ajuns la ruinele unui oraș vechi, uitat de timp.

"Uau, ce loc misterios!" exclamă Mimi, privind în jur. Ruinele erau acoperite de vegetație, iar zidurile dărâmate păreau să ascundă secrete vechi de secole.

Pe măsură ce explora oraşul, Mimi a întâlnit o bufniţă înţeleaptă pe nume Olivian. "Bună, pisicuţă. Ce te aduce în Oraşul Pierdut al Misterelor?" întrebă Olivian cu o voce gravă.

"Busola aceasta m-a adus aici," răspunse Mimi, arătându-i obiectul. "Caut să descopăr secretele oraşului."

"Ah, busola magică," spuse Olivian, uitându-se atent la ea. "Ea te va ghida spre comoara cea mai de preţ a oraşului. Dar, pentru a o găsi, trebuie să treci trei încercări."

"Sunt pregătită!" spuse Mimi cu hotărâre.

Prima încercare a fost să rezolve un puzzle complicat. Olivian i-a dat o cutie veche, plină de piese ciudate. "Trebuie să le aşezi în ordinea corectă pentru a dezvălui primul indiciu," spuse el.

După multe încercări şi erori, Mimi a reuşit să rezolve puzzle-ul, dezvăluind o hartă veche care arăta drumul spre un templu ascuns.

A doua încercare a fost să traverseze un pod instabil, peste o prăpastie adâncă. Mimi şi-a folosit agilitatea şi echilibrul pentru a ajunge în siguranţă pe partea cealaltă. Când a ajuns, a găsit o cheie aurie strălucitoare, ascunsă sub o piatră mare.

"Aceasta este cheia pentru a deschide comoara finală," spuse Olivian, care o aştepta pe partea cealaltă a podului.

Ultima încercare a fost să răspundă la o ghicitoare antică, pusă de un sfincs de piatră. "Răspunde corect, şi comoara va fi a ta," spuse sfincsul, cu ochii săi strălucitori.

Ghicitoarea era complicată, dar Mimi, cu inteligenţa ei ascuţită, a reuşit să răspundă corect. Sfincsul s-a retras, dezvăluind o uşă secretă în zidul templului.

Cu cheia aurie în mână, Mimi a deschis ușa și a găsit comoara ascunsă: o colecție de cărți vechi și pergamente, pline de cunoștințe și povești uitate. "Aceasta este adevărata comoară," spuse Olivian. "Cunoștințele și poveștile din trecut."

Încântată de descoperire, Mimi a luat câteva dintre cărți și pergamente și s-a întors acasă. La întoarcere, a împărtășit aventurile și cunoștințele cu prietenii săi și cu locuitorii orașului. De atunci, Mimi a devenit cunoscută ca pisica exploratoare, iar orașul ei a devenit un loc al curiozității și al învățăturii.

Mimi and the Lost City of Mysteries

In a quiet little town, where the sun always shone and flowers bloomed all year round, lived a cat named Mimi. Mimi was no ordinary cat; she had soft, snow-white fur, bright green eyes, and an adventurous spirit. Everyone in the town knew that if there was something interesting to discover, Mimi was the one to find it.

One sunny morning, as Mimi was strolling through Mrs. Popescu's garden, she noticed something shiny in the bushes. Curious, she approached and found an old and dusty object – it was a magic compass, covered with mysterious symbols.

"What did you find there, Mimi?" asked Mrs. Popescu, rushing over.

"It looks like a compass, but a special one," Mimi meowed, showing her the object. At that moment, the compass began to vibrate and spin wildly, pointing in a precise direction.

"This is no ordinary compass," said Mrs. Popescu with a smile. "It seems to be guiding you somewhere. Maybe to an adventure?"

With her heart full of excitement, Mimi decided to follow the direction indicated by the compass. After saying goodbye to Mrs. Popescu, she set off on her journey. The path led her through dense forests, across rivers, and through green meadows, until she reached the ruins of an ancient city, forgotten by time.

"Wow, what a mysterious place!" exclaimed Mimi, looking around. The ruins were covered in vegetation, and the crumbling walls seemed to hide secrets centuries old.

As she explored the city, Mimi encountered a wise owl named Olivian. "Hello, little cat. What brings you to the Lost City of Mysteries?" asked Olivian in a deep voice.

"This compass brought me here," Mimi replied, showing him the object. "I seek to uncover the city's secrets."

"Ah, the magic compass," said Olivian, looking closely at it. "It will guide you to the city's most precious treasure. But to find it, you must pass three trials."

"I'm ready!" said Mimi determinedly.

The first trial was to solve a complicated puzzle. Olivian gave her an old box filled with strange pieces. "You must arrange them in the correct order to reveal the first clue," he said.

After many tries and errors, Mimi managed to solve the puzzle, revealing an old map that showed the way to a hidden temple.

The second trial was to cross an unstable bridge over a deep chasm. Mimi used her agility and balance to safely reach the other side. When she arrived, she found a shining golden key hidden under a large stone.

"This is the key to open the final treasure," said Olivian, who was waiting on the other side of the bridge.

The final trial was to answer an ancient riddle posed by a stone sphinx. "Answer correctly, and the treasure will be yours," said the sphinx, with its eyes gleaming.

The riddle was complicated, but Mimi, with her sharp intelligence, managed to answer correctly. The sphinx stepped aside, revealing a secret door in the temple wall.

With the golden key in hand, Mimi opened the door and found the hidden treasure: a collection of old books and scrolls, full of forgotten knowledge and stories. "This is the true treasure," said Olivian. "The knowledge and stories from the past."

Delighted by the discovery, Mimi took some of the books and scrolls and returned home. Upon her return, she shared her adventures and the knowledge with her friends and the townsfolk. From then on, Mimi became known as the exploring cat, and her town became a place of curiosity and learning.

Sofia și Misterul Coralului Fermecat

În adâncurile cristaline ale oceanului, ascunsă printre recifuri de corali și alge colorate, trăia o sirenă pe nume Sofia. Avea părul lung și auriu ca razele soarelui, ochii de un albastru adânc și o coadă strălucitoare acoperită cu solzi de argint și turcoaz. Sofia nu era o sirenă obișnuită; avea o curiozitate nemărginită și o dorință arzătoare de a descoperi toate misterele oceanului.

Într-o zi, în timp ce Sofia explora o peșteră subacvatică, a găsit un coral strălucitor care emana o lumină magică. Curioasă, s-a apropiat și a observat că coralul avea gravat pe el un mesaj vechi: "Cine va dezlega misterul meu va descoperi comoara oceanului."

Sofia știa că acest coral fermecat nu era un simplu coral și că mesajul era o chemare la aventură. Cu inima bătând de emoție, a decis să descopere misterul și să găsească comoara oceanului.

Prima ei oprire a fost la bunicul ei, bătrânul Triton, un înțelept al adâncurilor, cunoscut pentru cunoștințele sale vaste despre ocean. "Bunicule Triton, am găsit acest coral fermecat. Poți să-mi spui mai multe despre el?" întreabă Sofia, arătându-i coralul.

Bătrânul Triton și-a ajustat ochelarii și a privit atent coralul. "Ah, da, acesta este Coralul Fermecat al Sirenelor. Se spune că el conduce la comoara pierdută a Reginei Mării, dar pentru a găsi comoara, trebuie să îndeplinești trei încercări."

"Ce încercări?" întreabă Sofia, nerăbdătoare să înceapă.

"Prima încercare este să găsești Perla Înțelepciunii, ascunsă în Grădina de Corali Magici," spuse Triton. "Această perlă îți va da cunoașterea necesară pentru următoarele încercări."

Hotărâtă, Sofia a plecat spre Grădina de Corali Magici, un loc faimos pentru frumusețea și magia sa. Ajunsă acolo, a început să caute perla. După ore de căutare, a găsit-o ascunsă într-o scoică gigantică, păzită de un crab uriaș.

"Salut, crabule! Caut Perla Înțelepciunii. Te rog, îmi poți da voie să o iau?" întrebă Sofia cu o voce blândă.

Crabul, impresionat de curajul și politețea Sofiei, a deschis scoica și i-a oferit perla. "Ai arătat respect și curaj. Meriți această perlă," spuse el.

Cu Perla Înțelepciunii în mână, Sofia a simțit o cunoaștere profundă învăluind-o. "Acum știu unde trebuie să merg," spuse ea și a plecat spre a doua încercare: Labirintul Sirenelor.

Labirintul Sirenelor era un loc periculos și complicat, cunoscut pentru iluziile sale și capcanele de apă. Dar Sofia, ghidată de Perla Înțelepciunii, a navigat cu ușurință prin labirint, evitând toate pericolele. La finalul labirintului, a găsit o tridentă strălucitoare, necesară pentru a deschide comoara Reginei Mării.

Ultima încercare a fost să înfrunte Sirena Întunecată, care păzea comoara. Sirena Întunecată era cunoscută pentru puterile sale magice și pentru inima ei de gheață. "Nu voi permite nimănui să ia comoara," spuse Sirena Întunecată cu o voce rece.

Sofia, însă, nu s-a lăsat intimidată. "Nu vreau comoara pentru mine. Vreau doar să restabilesc pacea și armonia în ocean," spuse ea cu hotărâre.

Văzând sinceritatea din ochii Sofiei, Sirena Întunecată s-a înmuiat. "Poate că ai dreptate," spuse ea încet. "Poate că oceanul are nevoie de această comoară."

Cu inima deschisă, Sirena Întunecată i-a permis Sofiei să ia comoara. Când Sofia a deschis cufărul, a găsit o colecție de bijuterii și artefacte strălucitoare, dar și o piatră magică, care avea puterea de a purifica apele și de a aduce prosperitate întregului ocean.

Întorcându-se acasă cu comoara, Sofia a folosit piatra magică pentru a aduce pace și armonie în ocean. Toți locuitorii adâncurilor au sărbătorit curajul și înțelepciunea ei, iar Sofia a devenit cunoscută ca Eroina Oceanului.

Sofia and the Mystery of the Enchanted Coral

In the crystal-clear depths of the ocean, hidden among coral reefs and colorful algae, lived a mermaid named Sofia. She had long, golden hair like sunbeams, deep blue eyes, and a shimmering tail covered in silver and turquoise scales. Sofia was no ordinary mermaid; she had boundless curiosity and a burning desire to uncover all the mysteries of the ocean.

One day, while exploring an underwater cave, Sofia found a glowing coral emitting a magical light. Curious, she approached and noticed that the coral had an old message engraved on it: "Whoever solves my mystery will discover the ocean's treasure."

Sofia knew this enchanted coral was no ordinary coral and that the message was a call to adventure. With her heart pounding with excitement, she decided to unravel the mystery and find the ocean's treasure.

Her first stop was her grandfather, the old Triton, a wise figure of the deep known for his vast knowledge of the ocean. "Grandfather Triton, I found this enchanted coral. Can you tell me more about it?" asked Sofia, showing him the coral.

Old Triton adjusted his glasses and looked closely at the coral. "Ah, yes, this is the Enchanted Coral of the Mermaids. It is said to lead to the lost treasure of the Sea Queen, but to find the treasure, you must complete three trials."

"What trials?" asked Sofia, eager to start.

"The first trial is to find the Pearl of Wisdom, hidden in the Garden of Magical Corals," said Triton. "This pearl will give you the knowledge needed for the next trials."

Determined, Sofia set off for the Garden of Magical Corals, a place famous for its beauty and magic. Upon arriving, she began searching for the pearl. After hours of searching, she found it hidden in a giant clam, guarded by a huge crab.

"Hello, crab! I'm looking for the Pearl of Wisdom. Please, may I take it?" asked Sofia in a gentle voice.

The crab, impressed by Sofia's courage and politeness, opened the clam and offered her the pearl. "You have shown respect and bravery. You deserve this pearl," he said.

With the Pearl of Wisdom in hand, Sofia felt a profound knowledge enveloping her. "Now I know where I must go," she said and headed for the second trial: the Mermaid's Labyrinth.

The Mermaid's Labyrinth was a dangerous and complicated place, known for its illusions and water traps. But Sofia, guided by the Pearl of Wisdom, navigated through the labyrinth with ease, avoiding all dangers. At the end of the labyrinth, she found a shining trident, necessary to open the Sea Queen's treasure.

The final trial was to face the Dark Mermaid, who guarded the treasure. The Dark Mermaid was known for her magical powers and icy heart. "I will not let anyone take the treasure," said the Dark Mermaid in a cold voice.

Sofia, however, was not intimidated. "I do not want the treasure for myself. I only want to restore peace and harmony to the ocean," she said determinedly.

Seeing the sincerity in Sofia's eyes, the Dark Mermaid softened. "Maybe you are right," she said slowly. "Perhaps the ocean does need this treasure."

With an open heart, the Dark Mermaid allowed Sofia to take the treasure. When Sofia opened the chest, she found a collection of shining jewels and artifacts, but also a magic stone that had the power to purify the waters and bring prosperity to the entire ocean.

Returning home with the treasure, Sofia used the magic stone to bring peace and harmony to the ocean. All the inhabitants of the deep celebrated her courage and wisdom, and Sofia became known as the Hero of the Ocean.

Uriel și Pădurea Fermecată

Într-un colț magic al lumii, unde pădurile se întindeau cât vedeai cu ochii și râurile curgeau cu ape limpezi și strălucitoare, trăia un unicorn pe nume Uriel. Avea o coamă argintie care sclipea în lumina soarelui, un corn aurit și o inimă plină de curaj și bunătate. Uriel nu era un unicorn obișnuit; avea darul de a aduce pace și fericire oriunde mergea.

Într-o dimineață senină, în timp ce Uriel se plimba prin Pădurea Fermecată, a auzit un foșnet ciudat venind dintr-un tufiș. Apropiindu-se cu grijă, a descoperit o veveriță mică și speriată, pe nume Vicky. "Ce s-a întâmplat, Vicky?" întreabă Uriel cu o voce blândă.

"Oh, Uriel! Pădurea noastră este în pericol!" răspunse Vicky, tremurând. "Regele Umbrelor a apărut și vrea să distrugă tot ce este frumos și magic aici."

"Nu te teme, Vicky. Vom găsi o soluție," spuse Uriel cu hotărâre. "Spune-mi mai multe despre acest Rege al Umbrelor."

"Locuiește în Turnul Întunecat, ascuns în adâncurile pădurii," spuse Vicky. "Are puteri întunecate și controlează umbrele pentru a-și îndeplini planurile malefice."

Uriel știa că pentru a salva pădurea, trebuie să-l înfrunte pe Regele Umbrelor și să-i distrugă puterile. Dar nu putea face asta singur. Avea nevoie de ajutorul prietenilor săi.

Primul loc în care a mers a fost la casa prietenei sale, Zâna Zafiră. "Zafiră, avem nevoie de ajutorul tău. Pădurea este în pericol," spuse Uriel.

Zâna Zafiră, cu aripile ei strălucitoare și zâmbetul plin de lumină, a fost de acord imediat. "Sunt alături de tine, Uriel. Împreună putem învinge orice obstacol."

Următorul pe lista lui Uriel a fost Dragonul Dorin. "Dorin, avem nevoie de forța ta," spuse Uriel când l-a găsit odihnindu-se pe o stâncă. "Regele Umbrelor vrea să distrugă pădurea noastră."

"Sunt cu voi!" răspunse Dorin cu un tunet. "Să mergem și să apărăm ceea ce iubim!"

Cu echipa formată, Uriel, Zâna Zafiră și Dragonul Dorin au pornit spre Turnul Întunecat. Drumul a fost plin de obstacole și pericole, dar prietenia și curajul lor i-au ajutat să le depășească.

Când au ajuns la Turnul Întunecat, Regele Umbrelor îi aștepta. "Ați venit să mă opriți? Ha! Nu veți reuși," râse el cu răutate.

"Nu poți învinge lumina și iubirea," spuse Uriel, înaintând curajos.

Lupta care a urmat a fost intensă. Regele Umbrelor a aruncat vrăji întunecate, dar Zâna Zafiră le-a contracarat cu magie de lumină, iar Dragonul Dorin a folosit focul său pentru a dispersa umbrele. În cele din urmă, Uriel a găsit punctul slab al Regelui – inima lui de piatră.

Cu o lovitură precisă a cornului său aurit, Uriel a distrus inima de piatră a Regelui Umbrelor. Imediat, umbrele s-au risipit, iar pădurea a fost eliberată de întuneric.

"Am reușit!" strigă Vicky, ieșind din ascunzătoare. "Uriel, ești eroul nostru!"

"Nu am făcut-o singur," răspunse Uriel, zâmbind către prietenii săi. "Împreună am învins răul."

De atunci, Pădurea Fermecată a devenit și mai frumoasă și mai plină de viață. Uriel, Zâna Zafiră și Dragonul Dorin au fost celebrați ca eroi, iar legătura lor de prietenie a devenit și mai puternică.

47

Uriel and the Enchanted Forest

In a magical corner of the world, where forests stretched as far as the eye could see and rivers flowed with clear, sparkling waters, lived a unicorn named Uriel. He had a silvery mane that glittered in the sunlight, a golden horn, and a heart full of courage and kindness. Uriel was no ordinary unicorn; he had the gift of bringing peace and happiness wherever he went.

One sunny morning, while Uriel was strolling through the Enchanted Forest, he heard a strange rustling coming from a bush. Approaching carefully, he discovered a small, frightened squirrel named Vicky. "What happened, Vicky?" asked Uriel in a gentle voice.

"Oh, Uriel! Our forest is in danger!" replied Vicky, trembling. "The Shadow King has appeared and wants to destroy everything beautiful and magical here."

"Don't be afraid, Vicky. We will find a solution," said Uriel with determination. "Tell me more about this Shadow King."

"He lives in the Dark Tower, hidden deep within the forest," said Vicky. "He has dark powers and controls the shadows to carry out his evil plans."

Uriel knew that to save the forest, he had to confront the Shadow King and destroy his powers. But he couldn't do it alone. He needed the help of his friends.

The first place he went was to his friend Fairy Zafira's house. "Zafira, we need your help. The forest is in danger," said Uriel.

Fairy Zafira, with her sparkling wings and bright smile, agreed immediately. "I'm with you, Uriel. Together we can overcome any obstacle."

Next on Uriel's list was Dragon Dorin. "Dorin, we need your strength," said Uriel when he found him resting on a rock. "The Shadow King wants to destroy our forest."

"I'm with you!" replied Dorin with a roar. "Let's go and defend what we love!"

With the team assembled, Uriel, Fairy Zafira, and Dragon Dorin set off for the Dark Tower. The journey was full of obstacles and dangers, but their friendship and courage helped them overcome them.

When they arrived at the Dark Tower, the Shadow King was waiting. "You've come to stop me? Ha! You won't succeed," he laughed wickedly.

"You cannot defeat light and love," said Uriel, stepping forward bravely.

The battle that followed was intense. The Shadow King cast dark spells, but Fairy Zafira countered them with light magic, and Dragon Dorin used his fire to dispel the shadows. Finally, Uriel found the King's weak spot – his stone heart.

With a precise strike of his golden horn, Uriel destroyed the Shadow King's stone heart. Immediately, the shadows dissipated, and the forest was freed from darkness.

"We did it!" cried Vicky, emerging from hiding. "Uriel, you are our hero!"

"I didn't do it alone," replied Uriel, smiling at his friends. "Together we defeated the evil."

From then on, the Enchanted Forest became even more beautiful and full of life. Uriel, Fairy Zafira, and Dragon Dorin were celebrated as heroes, and their bond of friendship grew even stronger.

51

Pălăria Magică a lui Mircea

Într-un orășel fermecat, unde casele erau colorate în toate nuanțele curcubeului și străzile erau pavate cu pietre sclipitoare, trăia un băiețel pe nume Mircea. Mircea era un copil curios, mereu în căutarea aventurilor și a lucrurilor misterioase. Într-o zi, pe când explora podul vechi al bunicului său, a găsit o pălărie veche și prăfuită, ascunsă într-un colț.

"Oare a cui o fi această pălărie?" se întrebă Mircea, ridicând-o cu grijă. Pălăria era mare și avea o panglică aurie în jurul borului. Părea că a fost odată foarte elegantă, dar acum era plină de praf și pânze de păianjen.

"Poate că este magică," spuse Mircea, amintindu-și de poveștile pe care bunicul său i le spunea seara. "Hai să vedem."

Își puse pălăria pe cap și, în acel moment, simți un fior ciudat trecându-i prin corp. În fața ochilor i se deschise o lume cu totul nouă. Străzile orășelului păreau să se schimbe, iar casele păreau mai strălucitoare și pline de viață. Mircea și-a dat seama că pălăria nu era una obișnuită; era, într-adevăr, magică.

Cu pălăria pe cap, Mircea putea să facă lucruri uimitoare. Putea să zboare deasupra orașului, să vorbească cu animalele și chiar să facă obiectele să leviteze. Dar cel mai uimitor lucru era că pălăria îi permitea să vadă și să înțeleagă nevoile și dorințele oamenilor din jurul lui.

Într-o dimineață, în timp ce zbura pe deasupra orașului, Mircea a văzut o fetiță pe nume Ana stând tristă pe o bancă. "Ce s-a întâmplat, Ana?" întrebă Mircea, aterizând ușor lângă ea.

"Bunica mea este bolnavă şi nu avem bani pentru medicamente," răspunse Ana, cu lacrimi în ochi. "Nu ştiu ce să fac."

Mircea şi-a atins pălăria şi a simţit cum aceasta îi dă o idee. "Nu te îngrijora, Ana. Am o soluţie."

Împreună cu Ana, Mircea s-a dus la piaţa oraşului, unde se adunaseră mulţi oameni. "Lume, lume! Veniţi să vedeţi minunile pălăriei magice!" strigă Mircea. Oamenii s-au strâns în jurul lui, curioşi să vadă ce se întâmplă.

Mircea a început să facă trucuri magice cu pălăria, transformând pietricelele în flori şi făcându-le să plutească în aer. Mulţimea a fost fascinată şi a început să aplaude. În scurt timp, oamenii au început să doneze bani pentru a vedea mai multe minuni.

După ce a strâns suficienţi bani, Mircea i-a dat Anei. "Acum poţi să-i cumperi bunicii tale medicamentele de care are nevoie," spuse el.

"Mulţumesc, Mircea! Eşti un adevărat erou!" răspunse Ana, zâmbind cu bucurie.

Dar aventurile lui Mircea nu s-au oprit aici. Într-o altă zi, în timp ce explora marginea oraşului, a întâlnit un bătrân pe nume Ion, care avea o casă veche şi dărăpănată. "Ce s-a întâmplat cu casa ta, domnule Ion?" întrebă Mircea.

"Casa mea a fost lovită de o furtună puternică şi nu am bani să o repar," răspunse bătrânul cu tristeţe.

Mircea şi-a atins din nou pălăria şi a simţit o nouă idee. "Nu vă faceţi griji, domnule Ion. Voi ajuta."

Mircea a mers la şcoala din oraş şi a vorbit cu colegii şi profesorii săi. "Domnule Ion are nevoie de ajutorul nostru. Putem face un târg de caritate pentru a strânge bani şi a-i repara casa."

Toți au fost de acord și în scurt timp, piața orașului era plină de tarabe cu prăjituri, jucării și alte lucruri făcute de copii și părinții lor. Mircea a făcut din nou trucuri cu pălăria sa magică, atrăgând și mai mulți oameni. Într-un timp record, au strâns suficienți bani pentru a repara casa domnului Ion.

"Nu știu cum să vă mulțumesc," spuse domnul Ion, cu lacrimi de recunoștință în ochi. "Ați adus speranță și bucurie în viața mea."

Dar pălăria magică nu era doar un instrument de ajutor pentru ceilalți. Ea i-a oferit și lui Mircea lecții valoroase despre bunătate, generozitate și puterea de a face bine. Într-o zi, pe când se plimba prin pădure, a întâlnit o zână micuță și strălucitoare pe nume Luminita.

"Mircea, pălăria ta magică este un dar special, dar cu puteri mari vin și responsabilități mari," spuse Luminita. "Folosește-ți darurile cu înțelepciune și inimă bună."

"Îți promit, Luminita," răspunse Mircea. "Voi folosi pălăria pentru a ajuta pe cei din jurul meu și pentru a face lumea un loc mai bun."

Și astfel, Mircea a continuat să trăiască aventuri uimitoare și să aducă bucurie și speranță în orășelul său fermecat. Pălăria magică a rămas alături de el, oferindu-i puterea de a transforma lumea din jurul lui și de a inspira pe alții să fie buni și generoși.

Mircea și pălăria sa magică au devenit legendari în orășelul lor. Oamenii povesteau despre băiatul cu pălăria care făcea minuni și despre cum el a transformat viața multora. Dar pentru Mircea, cea mai mare bucurie era să vadă zâmbetele și recunoștința celor pe care i-a ajutat.

Anii au trecut, iar Mircea a crescut, dar pălăria magică a rămas cu el. Împreună, au continuat să facă bine și să aducă lumină în viețile celor din jur. Povestea lor a devenit un simbol al puterii binelui și al magiei care există în fiecare dintre noi, dacă avem curajul să credem în ea și să o folosim pentru a face lumea un loc mai bun.

56

Mircea's Magic Hat

In a charming little town, where houses were painted in all the colors of the rainbow and the streets were paved with sparkling stones, there lived a little boy named Mircea. Mircea was a curious child, always in search of adventures and mysterious things. One day, while exploring his grandfather's old attic, he found an old, dusty hat hidden in a corner.

"I wonder whose hat this is?" Mircea wondered, picking it up carefully. The hat was large and had a golden ribbon around the brim. It seemed to have once been very elegant, but now it was full of dust and cobwebs.

"Maybe it's magic," Mircea said, remembering the stories his grandfather used to tell him at night. "Let's see."

He put the hat on his head, and at that moment, he felt a strange shiver run through his body. Before his eyes, a whole new world opened up. The town's streets seemed to change, and the houses appeared brighter and more vibrant. Mircea realized that the hat was not ordinary; it was indeed magical.

With the hat on his head, Mircea could do amazing things. He could fly above the town, talk to animals, and even make objects levitate. But the most astonishing thing was that the hat allowed him to see and understand the needs and desires of the people around him.

One morning, while flying over the town, Mircea saw a little girl named Ana sitting sadly on a bench. "What happened, Ana?" asked Mircea, landing gently beside her.

"My grandmother is sick, and we don't have money for medicine," Ana replied, tears in her eyes. "I don't know what to do."

Mircea touched his hat and felt it give him an idea. "Don't worry, Ana. I have a solution."

Together with Ana, Mircea went to the town square, where many people had gathered. "People, come and see the wonders of the magic hat!" Mircea shouted. People gathered around him, curious to see what was happening.

Mircea began to perform magic tricks with the hat, transforming pebbles into flowers and making them float in the air. The crowd was fascinated and began to applaud. Soon, people started to donate money to see more wonders.

After raising enough money, Mircea gave it to Ana. "Now you can buy the medicine your grandmother needs," he said.

"Thank you, Mircea! You are a true hero!" Ana replied, smiling with joy.

But Mircea's adventures did not stop there. Another day, while exploring the edge of the town, he met an old man named Ion, who had a dilapidated house. "What happened to your house, Mr. Ion?" asked Mircea.

"My house was hit by a strong storm, and I don't have money to repair it," the old man replied sadly.

Mircea touched his hat again and felt a new idea. "Don't worry, Mr. Ion. I will help."

Mircea went to the town's school and talked to his classmates and teachers. "Mr. Ion needs our help. We can hold a charity fair to raise money and repair his house."

Everyone agreed, and soon the town square was filled with stalls selling cakes, toys, and other things made by the children and their parents.

Mircea performed magic tricks with his hat again, attracting even more people. In no time, they raised enough money to repair Mr. Ion's house.

"I don't know how to thank you," Mr. Ion said, tears of gratitude in his eyes. "You have brought hope and joy into my life."

But the magic hat was not just a tool to help others. It also taught Mircea valuable lessons about kindness, generosity, and the power to do good. One day, while walking through the forest, he met a tiny, glowing fairy named Luminita.

"Mircea, your magic hat is a special gift, but with great powers come great responsibilities," said Luminita. "Use your gifts wisely and with a good heart."

"I promise, Luminita," Mircea replied. "I will use the hat to help those around me and make the world a better place."

And so, Mircea continued to live amazing adventures and bring joy and hope to his enchanting town. The magic hat stayed with him, giving him the power to transform the world around him and inspire others to be kind and generous.

Mircea and his magic hat became legendary in their little town. People told stories about the boy with the hat who performed wonders and changed many lives. But for Mircea, the greatest joy was seeing the smiles and gratitude of those he helped.

Years passed, and Mircea grew up, but the magic hat stayed with him. Together, they continued to do good and bring light into the lives of those around them. Their story became a symbol of the power of goodness and the magic that exists in each of us if we have the courage to believe in it and use it to make the world a better place.

Umbrela Roșie a lui Alex

Într-un orășel pitoresc, cu străzi pietruite și case colorate, trăia un băiețel pe nume Alex. Alex era un copil plin de energie și curiozitate, mereu în căutare de aventuri. Într-o zi ploioasă, pe când se întorcea de la școală, a găsit o umbrelă roșie strălucitoare, abandonată pe marginea drumului.

"Ce umbrelă frumoasă!" spuse Alex, ridicând-o. Avea un mâner din lemn sculptat și părea să fie foarte veche. "Oare a cui o fi?"

Pe măsură ce își continua drumul spre casă, Alex și-a dat seama că această umbrelă nu era una obișnuită. Când a deschis-o, a simțit cum o briză caldă îi învăluie corpul, deși afară ploua torențial. Uimit, a privit în jur și a observat că picăturile de ploaie se opreau înainte de a atinge umbrela, ca și cum ar fi fost protejat de un scut invizibil.

Curiozitatea lui Alex a crescut. "Ce poate face această umbrelă magică?" s-a întrebat el.

În ziua următoare, Alex a decis să testeze limitele umbrelei. S-a dus la parc și a deschis-o. Imediat, umbrela a început să-l ridice deasupra solului, încet, până când Alex plutea în aer. "Wow! Pot să zbor!" strigă el, cu inima bătându-i repede de emoție.

Pe măsură ce plutea deasupra orașului, Alex a văzut lucruri pe care nu le observase niciodată de la nivelul solului. A zărit acoperișurile caselor, grădinile secrete și râurile șerpuind printre clădiri. Dar cel mai interesant lucru pe care l-a văzut a fost o insulă mică, ascunsă într-un lac din mijlocul pădurii.

"Trebuie să explorez acel loc!" își spuse Alex, îndreptându-se spre insulă. Când a ajuns acolo, a descoperit o poartă veche și ruginită, înconjurată de flori sălbatice. A deschis poarta și a intrat într-o grădină magică, plină de plante exotice și fluturi colorați.

În mijlocul grădinii, a găsit o bătrână zână, care părea să-l aștepte. "Bine ai venit, Alex," spuse zâna cu o voce blândă. "Te așteptam."

"Mă cunoașteți?" întrebă Alex surprins.

"Da, umbrela ta te-a adus aici. Este o umbrelă magică, care alege să ajute doar pe cei cu inima pură și curajoasă. Eu sunt Zâna Grădinii, și am nevoie de ajutorul tău."

Alex era uimit și emoționat. "Cum pot să vă ajut?"

"Grădina noastră magică este în pericol. O vrajă întunecată a început să se răspândească și să distrugă plantele. Numai cineva cu inima curată și curaj poate găsi Floarea Luminii, care poate risipi întunericul. Doar tu poți face asta, Alex."

"Voi face tot ce pot!" spuse Alex cu hotărâre.

Zâna i-a dat o busolă magică care îl va ghida spre Floarea Luminii. Alex a deschis din nou umbrela și a început să zboare peste grădina magică. Busola îl ghida printr-un labirint de plante înalte și tufișuri dese. Pe drum, a întâlnit diverse obstacole: un râu rapid, păianjeni uriași și copaci care se mișcau singuri.

Dar cu ajutorul umbrelei magice și a curajului său, Alex a depășit toate obstacolele. În cele din urmă, a ajuns la o peșteră ascunsă în adâncurile grădinii. A intrat cu precauție și, în centrul peșterii, a văzut Floarea Luminii. Aceasta strălucea puternic, luminând întreaga peșteră.

"Am găsit-o!" exclamă Alex, alergând spre floare. Odată ce a atins-o, lumina s-a răspândit prin toată grădina, risipind întunericul și readucând viața plantelor.

"Ai reușit, Alex!" spuse Zâna Grădinii, apărând lângă el. "Ai salvat grădina noastră magică. Ești un erou!"

"Nu am făcut-o singur," răspunse Alex, arătând spre umbrela sa roșie. "Umbrela magică m-a ajutat."

"Umbrela te-a ales pe tine pentru că ești curajos și ai o inimă bună. Dar acum trebuie să te întorci acasă. Întotdeauna vei avea o prietenă aici, în grădina magică."

Alex și-a luat la revedere de la Zâna Grădinii și a zburat înapoi spre oraș. De atunci, Alex a continuat să folosească umbrela pentru a ajuta oamenii din jurul lui și pentru a descoperi noi aventuri.

Povestea lui Alex și a umbrelei sale magice a devenit cunoscută în tot orășelul. Oamenii povesteau despre băiatul cu umbrela roșie care zbura deasupra orașului și făcea minuni. Dar pentru Alex, cea mai mare bucurie era să vadă zâmbetele celor pe care îi ajuta.

Anii au trecut, iar Alex a crescut, dar umbrela roșie a rămas cu el. Împreună, au continuat să facă bine și să aducă lumină în viețile celor din jur. Povestea lor a devenit un simbol al puterii binelui și al magiei care există în fiecare dintre noi, dacă avem curajul să credem în ea și să o folosim pentru a face lumea un loc mai bun.

Alex's Red Umbrella

In a picturesque little town, with cobbled streets and colorful houses, lived a boy named Alex. Alex was a child full of energy and curiosity, always seeking adventures. One rainy day, while returning from school, he found a bright red umbrella abandoned by the roadside.

"What a beautiful umbrella!" said Alex, picking it up. It had a carved wooden handle and seemed very old. "I wonder whose it is?"

As he continued his way home, Alex realized that this umbrella was no ordinary one. When he opened it, he felt a warm breeze envelop his body, even though it was pouring rain outside. Amazed, he looked around and noticed that the raindrops stopped before hitting the umbrella, as if he were protected by an invisible shield.

Alex's curiosity grew. "What can this magic umbrella do?" he wondered.

The next day, Alex decided to test the limits of the umbrella. He went to the park and opened it. Immediately, the umbrella began to lift him off the ground, slowly, until Alex was floating in the air. "Wow! I can fly!" he shouted, his heart pounding with excitement.

As he floated above the town, Alex saw things he had never noticed from the ground. He spotted rooftops of houses, secret gardens, and rivers winding through buildings. But the most interesting thing he saw was a small island hidden in a lake in the middle of the forest.

"I have to explore that place!" Alex told himself, heading towards the island. When he arrived, he found an old, rusty gate surrounded by wildflowers. He opened the gate and entered a magical garden, full of exotic plants and colorful butterflies.

In the middle of the garden, he found an old fairy who seemed to be waiting for him. "Welcome, Alex," the fairy said in a gentle voice. "I've been expecting you."

"You know me?" Alex asked, surprised.

"Yes, your umbrella brought you here. It is a magic umbrella that chooses to help only those with pure hearts and courage. I am the Garden Fairy, and I need your help."

Alex was astonished and excited. "How can I help?"

"Our magical garden is in danger. A dark spell has started spreading and destroying the plants. Only someone with a pure heart and bravery can find the Flower of Light, which can dispel the darkness. Only you can do this, Alex."

"I will do my best!" Alex said with determination.

The fairy gave him a magic compass that would guide him to the Flower of Light. Alex opened the umbrella again and began to fly over the magical garden. The compass guided him through a maze of tall plants and dense bushes. Along the way, he encountered various obstacles: a fast river,

giant spiders, and trees that moved on their own.

But with the help of the magic umbrella and his courage, Alex overcame all the obstacles. Eventually, he reached a hidden cave deep within the garden. He entered cautiously and, in the center of the cave, saw the Flower of Light. It shone brightly, illuminating the entire cave.

"I found it!" exclaimed Alex, running towards the flower. Once he touched it, the light spread throughout the garden, dispelling the darkness and bringing the plants back to life.

"You did it, Alex!" said the Garden Fairy, appearing beside him. "You saved our magical garden. You are a hero!"

"I didn't do it alone," replied Alex, pointing to his red umbrella. "The magic umbrella helped me."

"The umbrella chose you because you are brave and have a good heart. But now you must return home. You will always have a friend here, in the magical garden."

Alex said goodbye to the Garden Fairy and flew back to the town. From then on, Alex continued to use the umbrella to help people around him and to discover new adventures.

Alex's story and his magic umbrella became known throughout the little town. People told tales of the boy with the red umbrella who flew above the town and performed wonders. But for Alex, the greatest joy was seeing the smiles of those he helped.

Years passed, and Alex grew up, but the red umbrella stayed with him. Together, they continued to do good and bring light into the lives of those around them. Their story became a symbol of the power of good and the magic that exists in each of us, if we have the courage to believe in it and use it to make the world a better place.